柳田邦男
Yanagida Kunio

自分を見つめるもうひとりの自分

佼成出版社

自分を見つめる　もうひとりの自分

目次

1. 自分を見つめる

絶望という転機　8
自己肯定感を持てない時　10
心の中の葛藤を吐き出せ　12
「なぜ私が……」。答えはどこに　16
孤独は人生の大切な時間　18
百点でしか道は拓けない時　20
もうひとりの自分の眼　22
小さな傲慢の深い影　24

謙虚に考える姿勢を　26

2. 心を癒す

心で見る、手を握る　30
祈りをこめたおむすび　32
肩を抱き、共に涙する　34
幽霊の悲しみを抱きしめて　36
痛む子の心を察する感性を　38
今、一番してほしいのは何？　40
魂の痛みを見据えることこそ　42
絵本は病む人に深く語りかける　46

3．グリーフケア

人は物語らないとわからない　50
喪っても人生を肯定する道　52
現世と来世をつなぐ愛のかたち　54
後追いの仕方の百八十度転換　56
涙の少女が立ち直る時　60
魂と魂の語らい　62
亡き人が「癒し人」になる時　64

4．人生の出発点

六十点からの出発　68

「何とかなるべさ」　70
まず食べなくちゃね　72
自分を他者と比べない　76
いつも二つの心得を　78
時には「小休止」も大事　80
「なれたらいいな」と思い続ける　82
「瞬間の永遠性」の気づき　84
苦しむ自分を受け容れて　86
あとがき　90

1．自分を見つめる

絶望という転機

自分の思うようにならないので、いらいらするとか、落ちこむとか、あるいは自信を失うといった経験を、誰だって一度や二度ならず持っているだろう。私などは、数え切れないほど、そういう経験をしている。世の人々はそれぞれに価値観も違えば、性格も違う。そういう人々の中で毎日暮らしているのだから、それぞれに、自分の思うようにならないことがあるのは、自然の成りゆきだし、人生とはそういうものとさえ言える。

そういう中で、身近な人と考え方の違いが感情的なもつれにまでなって、生きることに絶望する人もいる。そうなった時、どう自分を見つめればいいのだろうか。

絶という字のもとの意味は、織物を織ろうとしていた糸をたつ、あるいは糸が切れてしまうこと。自分の未来につながる糸が切れてしまう、つまり望みがたたれてしまうのが、絶望というもの。

その糸はもうつながらないのだろうか。

絶という字には、もう一つ、正反対の意味があることを知る必要がある。漢字学者・白川静先生の『常用字解』（平凡社）によると、絶という字の左側と右側を分離するとわかるように、色糸という意味があり、しかも絶妙、絶景のように「このうえもなく」という意味もあるのだ。このように、絶に相反する二つの意味があるというのは、暗示的だ。明日への望みがたたれたように見えても、実はそれは心がこのうえもなく成長する転機になり得る可能性を秘めたものかもしれないのだ。暗黒の中で転機の光をもたらす窓はどこにあるのか。じっくりと考えてみよう。

自己肯定感を持てない時

自分は何の役にも立たない無意味な存在だと思っている子どもや若者が多いと、よく言われる。最近は、小学生の頃からその傾向が顕著で、自己肯定感あるいは自尊感情を持てない子が、四十パーセントもいるという報告もある。自分はどうせ駄目な人間なのだとしか思えなくなった時、その若者はどんな行動をとるのか。誰かのせいにしたり、世の中が悪いと考えたりして、反社会的な行為に走る若者もいる。

反対に、無気力になって、引きこもってしまう若者もいる。どちらに偏るにせよ、共通しているものがある。それは、家族から愛されているという実感がないこと、あるいは誰からも必要とされていないという思いだ。

3・11東日本大震災の時、大津波に襲われた東北地方のある町でのこと。特に周囲から「不良」と言われ、白い眼で見られていた十五歳のツッパリ少年が、津波が背後から迫る中を、うろたえる母親を高台に避難させ、さらに小学校に駆けつけて、講堂で泣いていた幼い妹を背負い、襲いかかる津波が胸までの高さになる中を、校舎にたどり着いて、三階まで駆け上がって妹を下ろした。その途中には、人が津波に呑みこまれて行く恐ろしい場面を目撃していた。その夜、彼は海水が退き切らない中を、誰にも告げずに、腰まで水につかりながら、遺体探しや貴重品収集に動き回った。

彼は変わったのだ。

何がそうさせたのか。

平時では考えられない大津波という外力が、彼をまるごと修羅場へ引きずり出した。その外力は、彼の閉ざされた心の眼を、否応なしに、いのちの現場、生きることと死ぬこととの現場に向けさせた。たかをくっていた世の中や人間の生死が、実は生やさしいものではないことを恐怖の中で知った。

そのことが、どうして彼を変えたのか。あなたは、どう思いますか？

心の中の葛藤を吐き出せ

前項の続きを書こう。周囲から不良少年と見られていた中学生が、３・11東日本大震災の津波に呑まれそうになりながらも、辛うじて助かると、今度は暗闇の中を、行方不明者を探しに出かけるなど、他者を助けるために果敢に走り回わった。「不良少年」が大災害の中で他者のことを思いやる少年として生まれ変わったのだ。

なぜ彼は変わったのか。

その状況からすぐにわかるのは、自分自身がものすごい勢いの巨大な泥水に呑まれそうになったという恐怖体験をしながらも、生き残ったことのありがたさと、かけがえのないいのちの貴さを、理屈でなく全身で感じ取ったからこそ、いのちの危機に直面している人や辛い状況の中にいる人に対し、手を差しのべないではいられない気持ちになったということだろう。だが、それだけでは反社会的な行為をするようになった、そもそもの心の中にあった葛藤の問題にまで掘り下げた説明にはなっていない。

この少年の具体的な成育過程はわからないが、一つはっきりとわかるのは兄弟の次男で、やや年の離れた上の兄は、長男としてしっかりとしていて、自立心が強く、高校卒業後、すぐに就職して働き者になったということだ。このような場合、親はどうしても長男への期待感が強く、次男に対しては不甲斐なさを感じてしまう。しかし、まだ中学生の次男は、そういう親の眼を抑圧的に感じ、自分自身の存在意義を感じられなくなる。その内面の葛藤を吐き出す行為として反逆的な「ツッパリ」に走る。本人は無意識にそうなっていたのだろうが、これは一般的によくあるかたちだ。

津波の恐怖体験はそういう自分の内面に澱んでいた葛藤を一気に払拭して、目を外に向けさせ、自分以上に大変な状況に直面している人が少なくないのだという気づきをもたらしたと言えるだろう。そして、その気づきが自分自身を見つめ直す意識を立ち上がらせたのだ。

このような葛藤をかかえる人が気づくべきは、自分の心の中の葛藤を思いっ切り吐き出すこと。親でない誰か、信頼できる友人、教師、カウンセラーなど、真摯に耳を傾けてくれる人を探そう。

「なぜ私が……」。答えはどこに

毎日テレビや新聞で報じられる事故や災害のニュースを見ていて、いつも頭の中をよぎるのは、被害者の家族はどんな思いをしているだろうかということだ。可愛い子を亡くした母親、親を亡くした子、家族の中でひとりだけ生き残った人……。そんな時、報道されなくても、この世のどこかで、大切な家族の誰かを病気で亡くした人々のことにまで、思いは及ぶ。

遺された人は、嘆き悲しむだけでなく、多くの場合、天に向かって、あるいは身近な人に、「なぜ私がこんな目にあうの?」「私は精一杯生きてきた。悪いことなんか何もしてないのに」と問いを投げかける。難しい問いだ。

おそらく二つの答え方があるだろう。たとえば一つは、科学的な答えだ。子どもが幼いのに、進行乳がんが見つかった母親に対して、発がんのメカニズムを説明する。乳腺細胞が遺伝子の突然変異でがん化して増殖し云々、と。治療を進めるためには、必要な説明だ。だが、彼女はそんな説明で明日を生きる気持ちを高揚させることができるだろうか。

もう一つの答えの出し方がある。それは、人生を一編の長編物語か大河ドラマととらえ、乳がんを背負ってからの苦悩の日々を、人生の起承転結の「転」の章と受け止めて、その意味を考えるという向き合い方だ。自分自身の人生をもうひとりの自分が距離を置いたやや高い位置から眺め、自分が今、長い物語のどの辺りの章にいて、どんな葛藤の日々を過ごしているかを観察するのだ。闘病記を書くとか、傾聴ボランティアの人にじっくりと語るといいのだが、頭の中で独りでたどってもよい。すぐにはできなくても、心がけていると、やがてそれができる冷静さを取り戻せる。

すると、幼少期から今に至るまでの間に、自分を育ててくれた人、支えてくれた人、楽しい時間を共に過ごした人などが思い起こされて心が膨らみ、あるいは苦難を乗り越えた日々のことが甦って、よくぞ今日まで生きてきたと自分を褒めたくなったりする。そうするうちに、がんと向き合っている今という章を、どのように書くべきか、つまりどう生きるべきかと考えるようになる。その時、「なぜ私が……」と恨むのではない「生き直す自分」が生まれていることに気づくだろう。

孤独は人生の大切な時間

自分は孤独で不幸な人間だと思っている人は、少なくない。そう考える人は、「孤独であること＝不幸」というとらえ方を無意識のうちに前提にしているのではなかろうか。あるいは、孤独というのは、避けるべきよくないことだと考えているのではないだろうか。

そこで、あえて問いかけてみる。孤独とは、本当によくないことなのだろうか、と。

そういう問題について考える時に大事なのは、物事には、多くの場合、二面性があるというとらえ方だ。確かに、孤独という状態には、寂しい、辛い、話し相手がいない、誰も理解してくれない、楽しそうにしている人たちを見ると自分がみじめに思える、といった負の感情をもたらす側面がある。

しかし、大きく深呼吸をして、孤独というものに対し距離を置いて考えてみる。あるいは、人生全体の山あり谷ありの長い時間の中に置いて、孤独な時期がもたらすものについて考えてみる。すると、誰にも邪魔されないで過ごせる、静かに本を読み耽ったり音楽を聴いたりすることができる、出しゃばらず他者に迷惑をかけないでいられる、人生や生きることについて深く考えるようになる、何事につけ思慮深くなる、悲しみや辛さをかかえた人の心を理解できるようになる、といったポジティブ（肯定的）な側面があることに気づくだろう。決して「孤独であること＝不幸」ではないのだ。

むしろ孤独とは、内面的な成熟への大切な試練と学びの時間なのだと受け止めたほうがよい。そう思えた時、心豊かな人生に向けて一歩踏み出したと言えるだろう。

百点でしか道は拓けない時

一冊の絵本を紹介しよう。瀧村有子・作、鈴木永子・絵の『ちょっとだけ』(福音館書店)というほのぼのとした絵本だ。長女のなっちゃんは二歳から三歳くらいの感じ。赤ちゃんが生まれたので、何でも自分でしないといけない。お母さんは、赤ちゃんの世話で忙しいから、牛乳を注ぐのもパジャマを着るのも髪を整えるのも、失敗しながらも懸命にひとりでやる。

夕方、遊び疲れたなっちゃんは、おねむの目をこすりながらお母さんのそばに来て言う。「ママ、〝ちょっとだけ〟だっこして……」。こんな時、すでにねんねしている赤ちゃんを抱いたお母さんはどう対応したらよいのか。もしお母さんが「今、赤ちゃんが眠ったところだから、あなたはひとりでそこに寝ていなさい」と言ったら、なっちゃんは疎外感をかかえたまま一日を過ごすことになる。ずーっとこういう日々が続くと、なっちゃんは《おかあさんは赤ちゃんに取られた。自分なんかいなくていいんだ》と思うようになり、性格のゆがんだ子になるおそれさえある。

しかし、絵本のお母さんは、「〝ちょっと〟だけじゃなくて、いっぱいだっこしたいんですけど、いいですか？」と。そして、赤ちゃんを横に寝かせると、なっちゃんをお膝に乗せて抱きしめてあげたのだ。なっちゃんはお母さんのにおいをいっぱい吸いこんで眠る。上の子はこのように、一日に一回だけでも、お母さんの〝まるごと抱きしめてくれる愛〟を実感することで、その日の疎外感を解消してしまうのだ。

これは幼い子だけの問題ではない。思春期の生徒が悩んでいることを教師に相談しようとした時、あるいは妻が子どもの非行について夫に相談しようとした時、教師や夫が「今、忙しいから明日にしてくれ」などと言って、真正面から向き合おうとしないと、致命的に信頼感を失い、事態は坂道を転がり落ちるように悪くなっていく。そういう決定的場面の失敗と言うべきことが、人生の中で何と多いことか。〈人はここぞという決定的場面での対応は、八十点や九十点では駄目。百点以外に道はない。〉と言ったのは、臨床心理学者の故・河合隼雄先生だ。

もうひとりの自分の眼

気持ちが沈んで、何もかもが無意味に思える時がある。あるいは、解決の困難な問題が二つも三つものしかかってきて、どうしていいかわからなくなる時がある。あるいは、大切な人を亡くして、これからどう生きていけばよいのかわからなくなってしまう時がある。

人が生きていく途上では、様々な困難に直面するのは避けられない。そんな時、どうすればよいのか。一つの心得として、苦悩する自分を、少し離れた距離から見つめる「もうひとりの自分の眼」を持つことを習慣づけるという方法がある。そうすると難事を乗り越える道が見えてくることが少なくない。

人は子どもの時期から青春時代にかけて、小説や伝記を読んだり、映画を観たりする中で、登場人物の心の持ち方や生き方に感動して、自分もそうありたいと思うことがしばしばある。たとえば、公害被害者を救済するために、みごとな訴訟展開をした弁護士の法廷闘争記を読んで弁護士を志したとか、僻地医療に生涯をかけた医師の伝記を読んで、医学を学び無医村の医師になろうと決心したとか、アフリカの貧困の映画を観て国際ボランティアの活動に身を投じる決意をしたなど、様々な将来の人生計画を決意するのだ。そうした心の営みは、無意識のうちに、自分の今を「もうひとりの自分の眼」が見つめて、感動した人物の姿に自分の将来像を重ねている行為ととらえることができる。

苦難の真只中にいる時も、同じように自分の今を「もうひとりの自分の眼」で少し距離を置いて見つめてみるのである。そうすると、受験に失敗したとか、難しい病気になったとか、愛する人が亡くなったといった困難に直面しても、《あせっても仕方がないよ》とか、《自分の力では変えようのない現実を受け止めて、自分はできる範囲で最善のことをしよう》《一つずつ片づけるしかない》といった冷静な自分を取り戻せるだろう。

小さな傲慢の深い影

ずいぶん前のことになるが、私が五十二歳の夏、仏教系の心の修養法である内観研修を受けた時に学んだ事例を紹介したい。内観によって劇的な気づきをした若い女性が、これから内観を受ける人に参考にしてほしいと、告白を録音して残していたものを聴くことができたのだ。

彼女は二年ほど前に地方から上京して就職し、友達もできて都会生活を楽しんでいた。二つ下の妹が高校を卒業すると、姉を慕って上京し、小さなアパートの姉の部屋に同居したが、内向的な性格だったことから、就活もできず、引きこもりになってしまった。姉はそういう妹を疎ましく思った。ある日、姉があわただしく出勤しようとした時、妹はコーヒーを淹れてしょんぼりとテーブルに向かって座っていた。姉はそのコーヒーを横取りして一気に飲むと、「ありがとう」の言葉も言わずに颯爽と出ていった。

その夜、姉が帰ると、妹は自らいのちを絶っていた。姉はショックを受けて混乱し、うつ病になった。診療を受けた精神科医の勧めで、一週間の内観研修を受けたのだ。そして、内観で自分と妹との関係を幼少期から順に探索するうちに、四日目には妹が上京してからの日々を思い返すところまで来た。その時、あの朝の情景がありありと甦ったのだ。不思議なことに浮かんできた情景には、傲慢に妹のコーヒーを飲んで出かけてしまう自分自身と悄然と残される妹の二人の情景を、当事者である自分が天井から見下ろすように見ているのだ。まさに「自分を見つめるもうひとりの自分の眼」が生じているのだ。それだけでなく、妹の孤独な心まで見えている。

その瞬間、彼女はわっと泣き伏し、「ごめんなさい、ごめんなさい」と泣きじゃくった。自分の傲慢、たとえそれがコーヒー一杯の横取りという小さな行為であっても、そのことが落とした深い影の重さに気づいたのだ。苦悩する人に寄り添おうとする時、些細なことのように思えることでも、受け止める側にとってその行為がどんな意味を持つのかということまで配慮してこそ、真に愛のある支えになるのだということを愛のかけがえのなさについて、私自身も学んだ瞬間だった。

謙虚に考える姿勢を

最近、全国各地で自治体などが主催する自殺予防大会といったイベントが開催されている。私も何度かそういった大会で講演をしてきた。だが、私の心情としては、自死という、極めて個人的な心の問題について、まるで防災や暴力団追放の住民大会と似たようなかたちで、行政が鐘や太鼓を叩いて集会を開くという取り組みには違和感を抱いている。もちろんそういう催しを全否定するつもりはない。

では、なぜ講演に出かけていくのか、矛盾しているではないかと言われそうだ。

しかし、一九九八年に一年間に自死する人が突如として、数千人増えて三万人を超えて以来、十四年間も、毎年三万人を超えるという異常な事態の中で自死の悲劇を少しでも減らそうと思ったら、「何でもあり」で行くしかないのではないかという考えもあって、講演を引き受けてきたのだった。

言い換えるなら、今日の自死の問題と向き合うには、多様な取り組みが必要ではないかと思うのである。これまでの大会では、心のケアの専門家などの啓発的な話や地域で自死遺族を支えるボランティア活動をしている人の報告などに重点が置かれていたので、自死をした人の心を理解し、支援者はどう心がけるべきか考えるという点では意味があったと思う。しかし、大切なことは、そうした〝大会〟を開くことと併行して、身近な地域のレベルで、住民が理解を深めたり、心を病む人が三人でも五人でも時々集まって語り合えるような環境づくりの活動を広げることであろう。

そうした活動を進めるにしても、一番基本になることは、一般市民の自死に対する偏見を捨て謙虚に問題を考える姿勢であろう。

2. 心を癒す

心で見る、手を握る

サン＝テグジュペリの『星の王子さま』（内藤濯訳、岩波書店）の中に出てくるよく知られる言葉に、

「心で見なくちゃ、ものごとはよく見えないってことさ。かんじんなことは、目に見えないんだよ」

というのがある。王子さまがキツネから教わる言葉だ。

苦悩の真只中にいる人、悲しみのどん底にいる人は、心の中が混乱していたり混沌状態にあったりするため、自分のことをうまく言葉で表現できない場合が多い。支えてあげたいとそばにいる人も、どう言葉をかけてよいかわからなくて途方にくれる。そういう時にどうすればよいのだろうか。

安易な慰めの言葉は、役に立たないばかりか、かえって苦悩する人を失望させるかもしれない。苦悩や悲しみに打ちひしがれている人は、感覚だけは鋭くなっていて、言葉が真実のものであるかどうかを鋭く見抜いてしまうからだ。

心で見るとは、相手の断片的な言葉の奥にある渾沌とした苦悩や、逆巻く濁流のような怒り、あるいは涙も出ないほどの悲しみといった隠された感情を思いやる気持ちを持って寄り添うことだと、私は思う。

漆黒の暗闇の中にいる人に、光の中にいる人の言葉は異国語のように響くのだということを意識するなら、目をそらさずに、手を握り、時間を気にしないでひたすら耳を傾けて相手の言葉を待つしかないだろう。

しかし、それでいい。手をいつまでも包むように握ってあげている気持ちだけでいいのではないか。

それが心で見るという姿勢の原点なのだと思う。

祈りをこめたおむすび

青森県津軽地方に聳える岩木山の麓にある癒しの家「森のイスキア」を訪ねた時のこと。高齢になっても〝癒し人〟として、訪ねてくる人々をお泊めしている佐藤初女《はつめ》さんに、一度お会いしたいと思っていたのだ。人を癒すといっても、山荘のような建物の中で、山菜料理を提供し、訪問客の話を親身になって聞き、何日でも泊めてあげるということだ。私はいくつかのエピソードを聞いた。

ある日、仙台に住んでいるという三十代と見られる女性が訪ねてきた。辛い問題をかかえてうつ病になり、死ばかりを考えていた。人伝《ひとづて》に聞いた初女さんをお訪ねして、それでも気持ちが前向きになれなかったら、本当に死のうと心に決めていたという。

その夜、初女さんは誠心誠意耳を傾けてくれたが、死のうと思う気持ちを前向きに切り換えるような積極的な助言はしてもらえなかった。

絶望した彼女は、翌朝帰ることにした。初女さんは、沈んだ顔の彼女に、

「仙台は遠いね。お腹《なか》が空いたら食べてね」

と言って、おむすびの包みを手渡した。

彼女は東北線の列車の中で、今度こそ死のうと考えていたが、いつしかお腹が空いてきたので、おむすびの包みを開けた。小さくむすんだおむすびがきれいに並んでいた。その一つを手に取った時、心の中に初女さんのやさしい眼差しや声や肩を抱いてくれた温もりが甦ってきた。その瞬間、何か熱いものが胸の中にこみ上げてきた。

《こんな私でも全部を受け容れて、夜遅くまで話を聞いてくださり、おむすびまでむすんでくださった。何とありがたいことだろう。それなのに私は死ばかりを考えていた。申し訳ない。――》彼女はもう涙が止まらなくなった。彼女は辛くても生きようと決心し、しばらくして初女さんにお礼を言いに来たという。

人が苦悩する他者に関わる時、言葉では相手の心に思いを届けるのが難しい場合がある。初女さんのおむすびは、初女さんの思いや祈りを女性の心に染み渡らせた。思いが伝わる瞬間はいつか来るのだ。

肩を抱き、共に涙する

人と人が心の深いところで通い合うというのは、なかなか難しい。言葉でじっくりと語り合う中で、険しい感情がほぐれたり、心に温もりが戻ってきたりすることもある。間違った思いこみがなくなって、互いに理解を深めることができる場合もある。

しかし、受けた衝撃が大きかったり悲しみがあまりに深かったりすると、その人を支えてあげようと思っても、かける言葉が見つからない場合がある。実際、災害や事故でかけがえのない家族を突然喪って放心状態になり、泣き続けている人に対して、「わかるわ」などと、安易な慰めの言葉をかけても、何の役にも立たないだろう。

逆に《あなたになんか、この悲しみがわかるわけがない》といった反発の感情を持たれるかもしれない。

そんな時、支えようとする人はどう対応したらよいのだろうか。状況によって対応の仕方は違うだろうが、理屈にかなったように見えるアドバイスをしても、何の力にもならないだろう。苦悩する人の気持ちは、理屈の届かない深い渾沌の中に落ちこんでしまっているからだ。

たとえば、津波で幼い子を亡くした母親は、あるカウンセラーに対し、

「あの子をひとりで家に居させたのが悪いんです。あの子を死なせたのは、私です。私を罰してください」

と言って泣き伏した。カウンセラーは言葉のかけようもなく、抱きしめるように肩に腕を回し、共に涙するだけだったという。

沈黙は、ただ黙っているだけだと、冷たい空気になってしまうが、心から寄り添い、悲しみの一端でも共有してあげたいという気持ちで、手を握るとか肩に手を当てるといった温りのある自然な身体表現をすると、相手の心に何かを届けることができることがあるのだと思う。

幽霊の悲しみを抱きしめて

3・11東日本大震災の後、津波によって家も町も失い、大事な家族の誰かを失った被災者たちは、何か月にもわたって公共施設や体育館などの避難所での集団生活を余儀なくされた。

犠牲になったのは、祖父母、親、連れ合い、子どもなどの誰かであったり、それらの何人もであったり、様々だ。

そして、遺された人々の多くは、夜になると、幽霊に出会ったという。被災者たちのそういう経験は、震災後、数か月から一年経って仮設住宅に移ってからも続いたと、ケアにあたる人から聞いた。

現れるのは、ぼんやりとした人間の形をしたものだったり、はっきりと顔のわかるものだったり、幽霊を見たと言う人によっていろいろだ。特に子どもを亡くした親の場合は、

「浜辺に立ってじーっと私のほうを見ているんです。すごく悲しそうなというか、恨めしそうというか、思わず名前を呼んだら、すーっと消えてし

まったのです」などと語るという。

このような被災者の話を、私たち、あるいは心のケアにあたる医療関係者やカウンセラーは、どのように理解したらよいのだろうか。

「幻覚にすぎませんよ」とか、「幽霊なんて科学では認められていません」などと言って全否定したのでは救われない。被災者はますます悲しみに打ちひしがれるだけだ。

想像を絶する大津波の恐怖、その津波に呑みこまれていった大切な人。そんな体験をした人にとって幽霊の出現は真実なのだと受け止め、まるごと抱きしめてあげるような共感を示すことこそ、向き合う人に求められるのだ。

そんな時、どんな言葉が亡き人の成仏を祈る心を伝えることができるのか、しっかりと考えることが問われている。

痛む子の心を察する感性を

人は大人になると、自分が子どもだった頃に豊かな感性を持っていたことを忘れてしまう。

水溜まりに映った月に見とれたり、木登りをして見た風景に感動したりといったみずみずしい心の反応を失くしてしまうのだ。そして、大人は、子どもはいのちや人生の大事なことについてはわかっていないと思いこんでしまう。

小児がんや難病の子どもたちについて取材をしていると、そうした大人たちの思いこみがとんでもない間違いであることを知らされることが少なくない。小児がんで長期療養をしていた十九歳の少女は、自分のいのちの灯が間もなく消えるのを自覚すると、海外出張中の父親に電話で自分を育ててくれたことへの感謝の気持ちを伝えた。父親は動転し、「しほー、しほー」と、涙ながらに娘の名を叫ぶばかりだった。

これに対し少女は、しっかりとした口調で、こう言ったという。

「そんなに悲しまないで。今度生まれかわる時は、もう一度お父さんの子になってあげるから」

少女が逆に父親を慰めたのだ。何と心やさしき娘さんかと、私は担当医から教えられた時、胸に痛みを覚えた。

ある難病の十一歳の少年は、亡くなるしばらく前に、母親に対し、きっぱりと言ったという。

「お母さんも大変だね。せっかくぼくを産んだのにね、ぼくが先に死んでしまうんだから。でもぼくはいなくならないよ」。そして、Vサインを示したという。母親はショックを受け、取り乱したが、息子の亡き後、確かに息子が自分の心の中に生きていることに気づき、息子が遺した言葉を生きる支えにしているという。

こうした悲話は、私たち感性の枯れた大人が、病児に限らず体や心を病む人に対し、もっと心に潤いを取り戻して接しなければならないことを気づかせてくれる。

今、一番してほしいのは何？

誰か身近な人が重い病気になったり、死が避けられなくなったりした時、どのように関わればよいのか。医療関係者であれば、まず血圧や脈拍を測ったり、採血したりと、決められた手順によって仕事をこなせば、まずは関わりの最初の扉を開いたことになる。しかし、「不安の中にいる人の心に真に寄り添う」という視点に立つなら、そういう医学的な対応とは違う角度から入ることが求められるのではないだろうか。

私がこの問題に眼を開かされたのは、三十年余り前のこと。イギリスの著名な国際問題評論家だったビクター・ゾルザ氏が二十五歳だった娘さんジェーンの生と死について書いた本で知ったのだ。

がんが進行して痛みと苦しみに叫び声をあげるジェーンを見て、両親は病院からホスピスに転院することを決意した。一般病院では、がんの疼痛治療が不十分だった頃のことだ。搬送の救急車がホスピスに着き、スタッフがジェーンを病室に移すと、医師がベッドサイドの椅子に座った。両親がどんな応急処置が行われるのかと思って見ていると、医師は何もしないでジェーンの手を握り、静かな口調で尋ねた。

「今、あなたが一番してほしいと思っているのは、何ですか？」

ジェーンは、すぐに答えた。

「お父さんにずっとそばにいてほしい」

すると医師は笑顔で答えた。

「この部屋に予備のベッドを入れられますから、大丈夫」

そして、「お父様が執筆の仕事をここでできるように、机の用意もできますよ」と配慮ある言葉をかけてあげたのだ。

そういう穏やかな会話が進むうちに、不思議なことが起きていた。あれほど苦しんでいたジェーンが痛いとも言わず、穏やかな表情になっていたのだ。このことの深い意味については、次項で詳しく考えてみたい。

魂の痛みを見据えることこそ

がんが進行して痛みに苦しんでいた二十五歳のジェーンが、病院からホスピスに移送され、病室のベッドに寝かされると、不思議なことが起こった。ベッドサイドに医師が座り、静かな口調で、「今、あなたが一番してほしいと思っているのは、何ですか?」と尋ね、ジェーンの願いに一つ一つ対応できることを伝えるうちに、ジェーンの表情が穏やかになり、痛みを訴えなくなっていた。

一体、ジェーンの耐え難い痛みは、何だったのだろうか。がんが体のあちこちに広がり、かなり痛みを感じさせていたのは確かだろう。しかし、それが絶叫するほどの痛みになっていたのは、がんが神経を侵すことによる生理的な痛みだけでなく、死が近いことを直観的に感知することによって生じる恐怖、ひとりで旅立たなければならない孤独感や疎外感が、痛みを十倍にも二十倍にも増幅させていたのだ。

《私をひとりぽっちにさせないで!》

《真暗闇の中に放りこまれるような何とも言えぬ怖さをわかって！》
《助けて！》

という、魂の痛み、魂の叫びが、耐え難いほどの痛みというかたちで表現されているのだと理解すべきではないか。私はそう考えている。

おそらくホスピスの医師は、死に直面している人のケアに当たるには、そういう魂の痛みという、人間の心の深い深いところに渦巻くカオス（渾沌）をしっかりと見据えることこそが大切だ。その意識から、「今、あなたが一番してほしいことは、何ですか？」という問いかけをしたに違いない。

そういう対応の仕方は、ジェーンのように切羽詰まった状況に置かれた患者に対してだけでなく、事故や災害の被害者や愛する人を喪った喪失体験者などに寄り添う場合にも共通する心構えと言えるだろう。

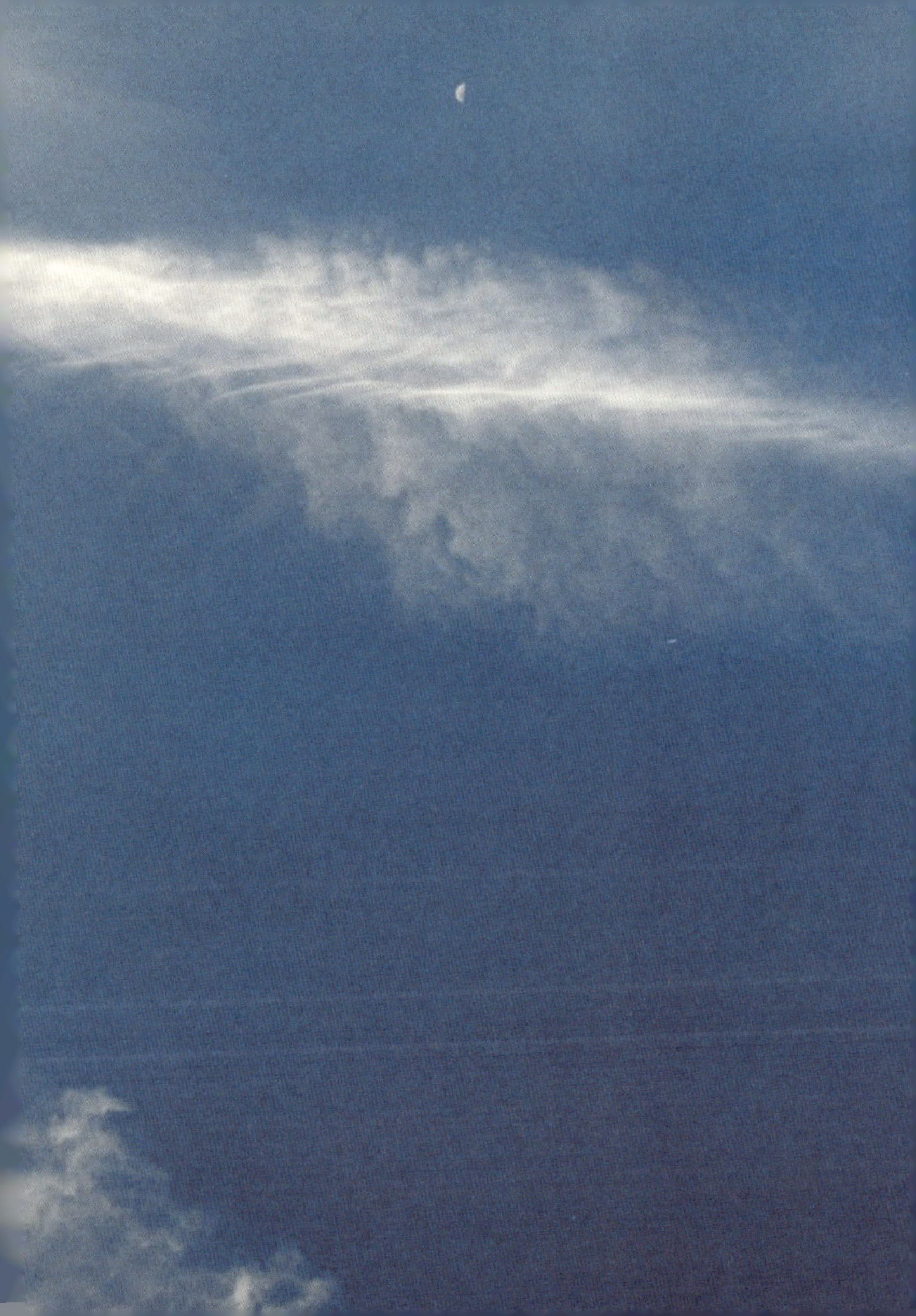

絵本は病む人に深く語りかける

しばらく前のことになるが、ある大学の看護学部でのこと。患者の心を理解するための授業で、先生は初老の男性の患者Aさんに教室まで来てもらった。医学部や看護学部ではよくある臨床実習的な授業だ。

車椅子で教室に入ってきたAさんは、やや大きめの本を一冊持っていた。まず先生が、Aさんがどのような病気であるかを簡単に説明すると共に、闘病中なのに教室まで来てくれたことに謝意を述べた。続いてAさんが自分の病気が進行してしまったがんであることと治療の経過を語った。

一通り話がすむと、Aさんは持参した本を掲げて、表紙を見せた。絵本だった。大きなゾウと可愛らしいネズミが背中に乗っている絵が表紙いっぱいに描かれている。タイトルは『だいじょうぶだよ、ゾウさん』（文溪堂）と書かれている。私が翻訳したベルギーの作家の絵本だ。Aさんは、頁をめくっては、物語の内容をじっくりと語っていった。

ゾウと幼いネズミは大の仲よしだったが、ゾウは年を取り病気も進行してきたので、谷の向こうのゾウの森へ行かなければならない。ネズミはゾウと別れたくないので、行かせようとしない。しかし介護をするうちに、ゾウの気持ちを理解できるようになり、谷にかかる吊り橋を大きなゾウが渡っても大丈夫なように修理してあげる。

ゾウは喜び安心して橋を渡り、彼岸の森の中へ消えていく。旅立つ者と遺される者の心模様を心憎いまでに描いた絵本だ。

Aさんは、絵本の内容を語り終えると、「私は枕許にこの絵本を置いて、何度も読んでいます」「この一冊があれば安心してあの世に逝けます」とまで言った。

絵本は読む人の人生経験に合わせて深い語りかけをしてくれる人生修養の書なのだ。わかりやすい簡単な言葉なので、子どもでも理解できるが、年を取り、特に病気になった時に読むと、心の持ち方や生きることについて深い意味を読み取ることができる。私は人生後半にこそ絵本をと呼びかけている。

3．グリーフケア

人は物語らないとわからない

この標題の言葉は、臨床心理学者だった故・河合隼雄先生がよく語っていたものだ。人生には科学や論理だけでは説明できない場面がいっぱいあるという意味が、この言葉には含まれている。河合先生が示された典型的なエピソードを引用させて頂こう。

糖尿病で血糖値が高いのに、酒や煙草をやめないMさんという患者がいた。担当の医師は、いくら助言しても駄目だと思い、対応の仕方を変えた。Mさんが定期的に診療を受けに来ると、数分程度だが、人生のこと、家族のこと、いのちのかけがえのなさなどについて会話をするようにしたのだ。半年、一年と過ぎるうちに、ある日、劇的なことが起こった。

Mさんは釣りが趣味で、会社が休みの日には必ず磯釣りに出かけた。その日は荒れ模様だったが、岩場で釣り糸を垂らしていた。波が高くなってきたが、もう少しと思っているうちに、突然大波に襲われ呑みこまれた。手に触れた岩の端にしがみつき、必死に這い登りながら《俺は死ぬわけにはいかない。家族がいるんだ》と心の中で叫んでいた。Mさんは、その日から酒も煙草もきっぱりとやめた。

人は正しい助言をされても、なかなか実行できない。そんなことわかってると反発さえする。Mさんもそうだった。しかしMさんは、波にさらわれそうになって、突然変わった。その背景には、医師が人生や家族やいのちについてMさんが意識するように繰り返し話題にしたという経緯がある。そして、劇的ないのちの危機に遭遇したことによって、いのちのかけがえのなさが現実感を持って意識に上がり生き方を百八十度転じたのだ。

その変化は科学的な因果関係では説明できない。しかし、Mさんの人生の物語としてとらえると、すばらしい〝章〟になっている。人間は不思議だ。そこには、《死にたい》と思っている人にとっても、それをケアする立場の人にとっても、それぞれに直面する問題とどう向き合ったらよいのか、大事なヒントがあるように思える。

喪っても人生を肯定する道

講演での語りかけや音楽の演奏などは、その場限り、その瞬間限りで、虚空に消えてしまう。しかし、語る内容に強く共感した瞬間のことや、演奏に激しく心を揺さぶられた瞬間のことは、心にしっかりと刻まれて、いつまでも記憶に新しい。そのことを、私は「瞬間の永遠性」という言葉でとらえ、大事な考え方にしている。

その気づきは、二十五歳で逝った次男の死後に生じたものだった。次男が亡くなった直後は、ただ悶々として在りし日のことを思い返すばかりだったが、ある日、その回想の中でハッと気づいたのだ。

確かに息子は、いなくなった。しかし、思い返している私自身の心の中で生きているではないか。しかも漠然と思い出しているのでなく、ある日私と語り合った時の表情や語り口、一緒にコンサートを聴いて感動した曲について彼がつぶやいた時の様子など、瞬間瞬間の情景が数限りなく生き生きと甦ってくる。そういうかたちで、彼は私の心の中で生きているのだと、心の底から実感することができたのだ。

それこそが、人間のいのちの精神性に関わる「瞬間の永遠性」と言うべきものであろう。

もちろんまだ若かった息子を喪った悲しみや心の苦しみは消えるものではない。父親としての自分を責める気持ちはいつまでも終わることがない。しかし、自分は彼の魂を容れた器なのだ、自分は彼の喜びや悲しみや苦悩の瞬間瞬間を消すことなく生かし続ける聖火台のような存在なのだと気づいた時、私の心の中には、どんなに悲しく辛いことがあっても、それらのすべてを受容し、自分の人生を肯定的に考えて生きるのだという意識が生まれていたのだ。

愛する者との魂のつながりというものは、おそらくそういう自覚によって揺るぎないものになるのだろう。

現世と来世をつなぐ愛のかたち

年に一度は、故郷の実家に帰って、亡き両親や二人の兄の仏壇にお参りするようにしている。実家には、長兄の連れ合い、つまり兄嫁とその息子夫婦が住んでいる。兄嫁は気さくで心やさしい人柄だし、話し好きなので、気やすく訪ねることができる。

最近も秋祭りに合わせて、故郷に帰った。茶の間で近況などを話し合っていると、兄嫁の話は、どうしても五年前に亡くなった長兄のことになる。毎日朝食がすむと、新聞を一面から社会面までじっくりと読むという。どうしてそんなに熱心に国際情勢から社会問題や家庭欄まで読むのかと尋ねると、夫との約束があるからだと言う。どんな約束なのか、私は面白がって聞いた。

長兄があの世に旅立ったのは、五年前、七十三歳の時。兄嫁は七歳下だった。長兄は旅立ちの日が近いと自覚すると、妻にこう言ったという。

「君代（兄嫁の名前）は私より七つ若いから、少なくとも後七年は生きてほしい。そして、あの世の私のところに来る時には、私が旅立ってから七年間に、この町や友人・知人がどうなったかということだけでなく、世界や日本でどんなことがあったのかを教えてほしい」

長兄は兄嫁にとって、父親のようであったり、教師のようであったりしたという。ひたむきな心の持ち主である兄嫁は、夫亡き後も、内外の情勢について、自分がいつあの世に逝っても報告できるように、新聞を兄に代わってしっかりと読んでいるのだ。そう思って新聞を読んでいると、夫がそばにいて教えてくれているようにさえ思えるのだという。兄嫁は笑いながらそう語りつつも、目うるませていた。

《ああ、長兄はこうやって遺した妻をあの世から支えているのか》と、私は思った。そして、そこに現世と来世をつなぐ愛のかたちを見ると共に、私はどんな言葉を家族に遺せるのかと内省したのだった。

後追いの仕方の百八十度転換

ある凶悪事件で小学校一年生の女の子が殺害された。両親が受けたショックは計り知れないほど大きかった。特に母親はまだ幼い面影を残す娘があまりにもむごいかたちでいのちを奪われたことを思うにつけ、全身が震え平静さを失ってしまうほどだった。

彼女は娘を守ってやれなかったことへの自責の念も強く、自死して娘のところへ行きたいという思いがつのっていった。いわゆる〝後追い自死〟への願望だ。わが子を愛する気持ちが強ければ、そういう後追いの気持ちを抱くのは自然な感情と言えるだろう。それは愛する連れ合いを喪った場合などでも、しばしば起こる感情の動きだ。

娘さんを亡くした母親は、娘さんの元気な同級生の親たちに会うのも辛くなり、ほとんど引きこもった日々を過ごしていた。そんなある日、夢に娘さんが現れて、彼女にやさしい声で話しかけた。「お母さん、そんなに悲しまないで。私はこっちで楽しく過ごしているから、心配しないで」と。

彼女はハッとなった。

《そうなんだ。私が悲しんでばかりいたら、天国の娘はうれしくないだろう。娘のためにも、前向きに生きる姿勢を取り戻さなくては。お母さんは頑張るから安心してね》。夢の中で娘さんにそう約束した彼女は、その後次第に元気を取り戻し、社会生活もできるようになっていった。

わが子にせよ連れ合いにせよ、愛する人を亡くした人が悲しみを抱きつつも新たな人生を生きるには、亡き人の後追いの仕方を百八十度転換することが求められる。

言い換えるなら、喪失の悲しみを生きるのは辛いことだが、その辛さを引き受けて生きることこそが天から見守っている亡き人を安心させ喜ばせる後追いの仕方なのだと思う。時間はかかるが、そのことに気づいた時、その人は内面の成熟した人生を歩むことになるに違いない。

涙の少女が立ち直る時

子どもの感性はすばらしい。

私は今、東京の荒川区で、「大人も子どもも絵本を読もう。読んで感動したり、何かに気づいたりしたら、柳田さんに手紙を書こう」という活動をしている。毎年夏休み前に呼びかけると、秋までに何百通もの手紙が来る。すばらしい手紙を書いた子どもや大人には、絵本をプレゼントしている。

そういう手紙を読んでいると、子どもの感性のすばらしさに感動することが多く、こちらが学ばせられることがしばしばだ。一昨年、小学校六年のM子さんから送られてきた手紙もその一つだった。

M子さんは、可愛がってくれたおじいちゃんが亡くなった後、悲しくて泣いてばかりいた。

そんな折、たまたま手にしたのが、『なきすぎてはいけない』（内田麟太郎・作　たかすかずみ・絵　岩崎書店）という絵本だった。主人公の男の子は自分と同じように、おじいちゃんが亡くなった後、泣いてばかりいた。一緒にたんぼ道を散歩したり昆虫採りをしたりした日を思い出しては、悲しくなるのだった。ある日、天国からおじいちゃんの声が聞こえてきた。「よわむしのおまえがすきだ。よわむしはひとのかなしみをおもいやれるから。ないてもいい。でもなきすぎてはいけない。わたしのすきなおまえは、わらっているおまえだから」と。

M子さんは、ハッと気づいた。自分がおばあさんになった時、やっぱり孫には笑っていてほしいと思うだろうなと。十二歳でもそこまで気づくのだ。愛する伴侶や大切な子を亡くした人は、後追い自死を考えることさえある。そんな時、毎夜この絵本をゆっくりと読んで、亡き人を偲んでいると、心の中で何かが変わるかもしれない。

魂と魂の語らい

人生を共有してきたと言えるほど大事な人、愛する人が自死というかたちで天に翔けていってしまった後で、遺された人が歩む日々は辛く悲しい。喪失感、寂寥感、孤独感が全身に染み渡り、悲嘆の暗いトンネルの中を、さ迷い歩く感じだろう。

特に子どもを亡くした場合、《あの時こうしてやればよかった》とか、《気づいてやれなかったのは、親として情けない》などと自分を責める感情が湧き出てくる。

愛する人を亡くした悲しみは、生涯消えるものではなかろう。二十五歳だった息子を自死で喪って、二十年ほどになるが、悲しみは消えない。それでも生きてこられたのは、どのようなことに支えられてきたからなのか。

条件はいろいろあったが、その一つとして重要だったのは、亡き息子の語りかけに絶えず耳を傾け、考え、会話をするという営みを続けてきたことだったと思う。亡くなって半年から一年ほどの間は、息子から「おやじは病気の人の心の苦しみをわかっていたのか」「それでも作家か」といった責める言葉を投げかけられることが多く、私は必死になって考え答えた。それは濃密なコミュニケーションだった。

しかし、最近では、私のほうから「こんな時、おまえならどうする?」と問いかけては答えをもらうという会話が圧倒的に多くなっている。気がつけば、そういう会話を続けたことで、私は生き続けられたのだと思う。それは、死者との関係性を内面化する営みだったと言えるだろう。

喪失感に打ちひしがれている人に申し上げたい。ただ悲しみに暮れたり、自分を責め続けたりするのでなく、亡き人が身近にいると信じ、その魂と日々会話を重ねていくように心がけてはどうだろうか。

亡き人が「癒し人」になる時

愛するわが子や大切な存在である伴侶を喪った時、誰だって泣かないではいられないだろう。《あの人（あの子）はもういないんだ》と思うだけで涙が止まらなくなる。そんな日が何日も何日も続く。

どうすれば、この悲しみを乗り越えることができるのだろうか。

まず気づかなければならないのは、人が悲しみの中で涙を流すのは、自然な感情の動きなのだということだ。泣きたい時は泣けばよい。そういう日々が過ぎゆく中で、暗い森の中に木もれ日が射すように、時折気持ちに落ち着きが訪れるようになる。

そんな時、亡き人、亡き子の在りし日の言葉を思い出すとよい。難病のため十一歳で天に翔けたある少年の母親は、わが子が病床で言ってくれた言葉を思い出すという。

「お母さんも大変だね、せっかくぼくを産んだのにね。でも、ぼくは絶対にいなくならないよ。自信がある」

そう言って、Vサインを出したのだ。

彼女はその言葉を思い出すたびに、自分の心の中に彼がしっかりと生きているのを実感し、生き直すことができるようになったという。このエピソードは私の心の中に深く刻まれている。

ある十二歳の少女はこっそり覗き見たカルテから自分が白血病であることを知ったが、親を心配させまいと、いつも「私、元気よ」と言って明るく振る舞っていた。亡くなった後に、同じ病室の少女からそのことを聞いた母親はショックを受けたが、やがてその言葉を支えに立ち直り、小児がんの子どもを守る会の活動をするようになったという。

亡き人は、いのちの精神性の永遠なることを気づかせてくれる「癒し人」なのだ。

4・人生の出発点

六十点からの出発

ある地方都市の講演に出かけた時のこと。会場のホテルに着き、主催団体の年輩の女性Cさんに案内されて、エレベーターの前に立っていると、丁度上層階から降りてきたエレベーターからウエディングドレスをまとった、晴れやかな表情の花嫁が和服姿の母親に手を取られて出てきた。私は思わずCさんに、「きれいですね」と言った。

すると、Cさんは表情を変えることもなく、「一年もすると、別れますよ」と言い切ったのだ。

私は一瞬フリーズして、言葉を失った。Cさんは小声で続けた。

「この頃の若い人たちは、相手と考えが違ったりすると、もう一緒にやっていけないとすぐに言い出すんですよ。我慢することを知らないんです」

確かに、今の時代は、〝成田離婚〟という言葉に象徴されるように、一組の男女が一度契りを結んだからには、考え方の違いや暮らし方の流儀の違いが表面化しても、じっくり話し合って、一致点を見出す努力をしようとは考えない傾向が強いように見える。いろいろな場面で、私も感じる。もちろんすべての若者がそうだというわけではないし、何があっても別れるなと言うつもりもない。相手が暴力をふるったりする場合には、話は別だ。

もともと完璧な人間なんていない。恋人にしろ夫婦にしろ、友達にしろ、人間関係の中での一人ひとりの評価点は、六十点もあればいいと思ったほうがよい。大事なことは、相手のいいところを褒めたり、相手から自分にないものを学んだりして、相手に対する評価点を六十五点、七十点……と少しでも高めていこうと努力することだろう。人間はひとりでは生きられないのだから。

「何とかなるべさ」

人生を旅にたとえるなら、誰しも生涯、平坦なところを歩いているわけではない。山や谷や暴風雨などと遭遇することはしばしばある。予想もしていなかった障害物に道をふさがれたら、大抵の人はたじろいで、しばらくはどうしてよいかわからなくなってしまうだろう。

そんな時、私の脳裏に必ず浮かんでくるのは、母が口ぐせにしていた言葉だ。

「仕方なかんべさ」

「何とかなるべさ」

この二つの言葉は、私がパニックに陥ったりうつ病になりそうになった時、どれほど防いでくれたかわからない。なぜ、この言葉がそれほどまでに私の心に深く刻まれているのか。母は四十一歳の時、結核で病んでいた夫を亡くしても、淡々と法事をこなし、ぐち一つこぼさずに手内職で家計を支えていた。そんな時、この言葉をよく口にしていた。その姿と共に口ぐせの言葉が全身に記憶されたのだ。当時、私は十歳だった。母にとって、「仕方なかんべさ」という言葉は、単なるあきらめではなかった。人間にはどうにもならない運命というものがある。そういう運命のいたずらにさからっても力が尽きてしまう。悲しみや苦しみを背負いながらも、コツコツと働いて生きていけば、いつか必ず良い日が来る。だから「何とかなるべさ」というのだ。何もしなくても何とかなるというのではない。ポジティブな人生観なのだ。

　母は栃木県の那須地方の農家の末娘で、畑仕事が好きだった。二つの言葉は〝土の思想〟と言えるかもしれない。人間は大地から生まれ大地に育てられる弱い存在。たとえ都会育ちでも心からそう思えた時、人は悲しみや絶望の淵から這い上がれるのではないか。

まず食べなくちゃね

前項にも書いたが、私が十歳の時、長いこと結核を病んでいた父が亡くなった。敗戦の翌年だったから、人々の生活は苦しく、食糧難でまともな食事を摂れない家庭が多かった。兵役から帰った長兄が古書店を開き、母は古雑誌をばらして八百屋などで使う紙袋貼りの手内職をして、辛うじて生計を維持していた。

母はまだ四十一歳だったから、夫に死なれてどれほどか悲しく辛かったろうと思うのだけれど、手内職に励み、庭先の五十坪ほどの借地を野菜畑にして、青菜、キウリ、トマト、ナス、豆類、カボチャ、ジャガイモなどを栽培していた。米の配給は少なかったので、ご飯といっても、サツマイモがゴロゴロしている中に、米がくっついているだけというものだった。

そんな暮らしの中で、母が言っていた言葉は、「生きる者は食べなくちゃね」だった。父亡き後、ほとんど涙を見せずに、息子・娘たちのために淡々と台所で食事の支度をしている姿と「生きる者は食べなくちゃね」という言葉は一体となって、私の記憶に刻まれている。

あの頃、おやつの菓子なんかなかったけれど、畑から自分でトマトやキウリをもいできてお腹を満たしたことも、母の言葉と一体のものになって心に染みついている。

私は喜寿を迎える年になっても、朝起きるとまず何種類もの野菜を洗い、トマトも添えて、朝食のサラダをつくる生活を続けている。悲しいことや辛いことがあっても、体調を崩さないで生き抜いてこられたのは、その習慣に負うところが大きかったと思っている。

自分を他者と比べない

ある講演会の後の懇親会で、近い席の数人と談笑していた。そのうちに、なぜそれが話題になったのかは覚えていないのだが、〝嫉妬と羨望〟のことが話題になった。

「私の心の中には、どうも誰かを羨んだり嫉んだりする感情が、あまりないんですよね」

私がそう言うと、みんなは、「えー!」と驚いたような声をあげた。

「他者を羨むことも嫉んだりしないなんて、人間じゃないですよ」

「それは変ですよ、フツーじゃない」

などと笑われる始末だった。どうも私はフツーじゃないのかもしれない。

政治家や大学の研究者の中には、表向きは見識の豊かな人格者のように見えても、内面的には権力や地位や名声・名誉をめぐって、嫉妬や羨望の感情が渦巻いている人物が少なくない。嫉妬や羨望の感情は、ストレスとなって自分にはね返り、生きる日々を辛いものにする。そんな感情を捨て去ることができればいいのにと私は思うのだが、そう簡単にはいかないのかもしれない。高い水準の教育を受けたかどうかは、その人の性格とは関係がないのだろう。

私がなぜ他者を羨んだり嫉んだりする感情が稀薄なのか、成育期を振り返って考えたことがある。原因は母親にあった。母は決して他者のことを悪く言ったり、誰かと誰かを比較して差別的なことを言ったりしない人だった。人がそれなりに頑張って生活していれば、「たいしたもんだ」と褒める。そんな日常の中で私は育ったのである。

自分を他者と比べない、人は様々でよいのだと、日々自分に言い聞かせる生き方をすると、無用なストレスを溜めない楽な人生になるのではないか。

いつも二つの心得を

人生は山あり谷あり、時には耐え難いほどの苦難もある。人間は苦難にどう耐え、どう乗り越えるかを問われている存在なのだ。

では、どう答えを出すのか。私は、いつも二つの心得を持つことが、とても大事だと思う。

一つは、降りかかってきた試練を運命として受け容れる姿勢を持つこと。自分ひとりでは抗し難い事態に直面した時に、何とか無理をしてでも変えようとすると、力が尽きてしまう。

《仕方がないよ》《自分に落ち度があったわけじゃない。運命とはこういう不条理なもの》と自分に言い聞かせる。やまない雨はないと、じっと耐えるのだ。

しかし、それだけでは事態に翻弄されてしまいかねない。もう一つの心得が必要になる。自分や世の人々を苦しめる社会のゆがみを少しでもよくするために、小さなことでいいから、何か行動をすることだ。「がんばらないけどあきらめない」とは、諏訪中央病院名誉院長の鎌田實先生の言葉だが、「あきらめない」という姿勢を少しだけでいいから積極的に考えるのだ。同じような辛い状況にある人とつながり合い支え合うだけでもいい。

　東日本大震災のような大変な事態に襲われた場合、巨大な大自然の猛威そのものには、太刀打ちできるものではない。運命として受け容れないわけにはいかない面がある。しかし、被害を受けた苛酷な経験を、より良い街づくり・村づくりに生かす何らかの活動をすることは、必ずや生き直す力になる。

　こうした二つの生き方を身につければ、様々な苦難を乗り越える賢明な生き方になるだろう。

時には「小休止」も大事

大切な人を亡くしたり、仕事に失敗したり、あるいは何か大きな人生の挫折感にとらわれたりして、生きるのが辛くてたまらないという状況に陥ると、多くの人は、自分を冷静に見ることができなくなってしまう。《この苦しみは誰にもわかってもらえない。この世界で自分ほどみじめで不幸な人はいない》とまで思ってしまう。この広い空の下には、苛酷な運命に苦しんでいる人は数え切れないほどいるのだが、そんな現実を見渡すだけの心のゆとりがなくなっているのだ。

その地獄から抜け出すにはどうすればよいのか。特効薬はないが、私は「小休止」という心得が案外有効ではないかと思っている。

人間は疲れたら休養が必要だ。山登りをしている時に、足が疲れてだるくなったら、しばし休憩して涼風に当たっていると、筋肉に酸素が補給され、再び脚力が戻ってくる。心の疲れも同じだと思う。心の「小休止」が必要なのだ。

では、「小休止」をして心に補給する酸素とは何なのか。いろいろある。毎日写経をする。自分にふさわしい小説やエッセイや闘病記などの本を読む。あるいは毎週一回カウンセリングに通う。悲しみを分かち合う会に毎月出る、等々。

それらのどれか一つでよい。はじめのうちは、こんなことをしても何の役に立つのかと思いがちだ。だが、三年、五年と続けることに意味がある。ある時、ふっと考え方の転換や脱出感が生まれるのだ。理屈ではない、続けることの不思議な現象と言うしかない結果なのだ。

「なれたらいいな」と思い続ける

いつも穏やかに患者や家族と向き合い、みんなから信頼されている医師がいる。ホスピスでがんや難病の進行してしまった患者のケアにあたっている。ある時、私はその医師に尋ねたことがある。

「先生、どうしてそのように怒ったり沈んだ感じになったりしないで、いつも穏やかにしていられるのですか。何か仏教かキリスト教の信仰をお持ちなのですか」

すると、医師はこう言われたのだ。

「いやいや、私はお坊さんでもクリスチャンでもないんです。かといって無宗教でもないんです。深い信仰を持つ僧侶や牧師さんを見ていると、あのようになれたらいいなと、いつも思っているだけですよ」

そうだったのかと、私は素直に納得した。というのは、私自身がかねて抱いていた思いと重なる人生観だったからだ。その言葉には、三つの要素が含まれていると思う。

（1）優れた人に対する謙虚さ。
（2）自分にはできないと心を閉ざしてしまわない柔軟さ。
（3）急がずに願望を密かに抱き続ける弛《たゆ》みない心がけ。

この医師のような生き方あるいは心の持ち方は、言われてみると、納得できるものではあるけれど、いざ自分のこととなると、とてもできないと思う人が多いのではなかろうか。実際、自分が進行がんと告げられた時、あるいは大切な人を亡くした時、「冷静でいられたらいいな」などと思うゆとりもなく、動転して感情のコントロールができなくなる人は少なくない。

それはそれで自然なことであり、感情を抑えて耐えるのが美徳とは言えないだろう。ただ、常日頃から、「あの人のようになれたらいいな」という思いを持ち続けているなら、たとえ一時は感情に走っても、絶望の谷に落ちる手前で、理性を取り戻せるに違いないと、私は思っている。

「瞬間の永遠性」の気づき

私が若かった頃、テレビのニュースや番組づくりをしていた。しかし、放送を終えると、何となく空しいような感情にとらわれることがよくあった。何か月もかけて取材し編集作業をしたのに、放送が終わると、番組は電波と共に消えてしまうのだ。

クラシックの音楽会に出かけて、演奏に感動して帰る時にも、似たような感情を持つことがあった。演奏の一瞬一瞬があれほど感動的だったのに、音は消えてしまい、かたちあるものとしては、何も残っていない。演奏家はこの日のために練習を積み重ね、精魂こめて弾いただろうに、演奏が終われば音は虚空に消えてしまう。空しさを感じないのかと。

私は言葉による表現活動に一番愛着を抱いているから、そんな風に感じたのかもしれない。文章を書いて表現すれば、雑誌や本というかたちあるものとして残る。何度でも読み直すことができるから、虚空に消えるという感情にとらわれることはない。

しかし、ある時、脳裏にある思いが電撃的に走った。テレビ番組にしろ音楽演奏にしろ、電波や音は消えても、それがすばらしいものであったなら、人々の記憶の中にしっかりと刻まれて残るではないか。大事なことは、心が震えるような感動の瞬間があったこと。そして、その感動が忘れ難く記憶に刻まれたということだ。そういう瞬間をいくつも経験することで、人は内面的に豊かになり心が成長していくのだ。心が揺さぶられた瞬間は、決して消えることのない永遠性のあるものなのだ。

「瞬間の永遠性」と言うべきこのことに気づいたのは、前にも書いたが、亡くなった息子の喪失感にとらわれ、ひどく落ちこんで、在りし日のことばかりを思い返していた時だった。その気づきは、人生のすべてを肯定的に受け容れることにつながっていったのだ。

苦しむ自分を受け容れて

この世に生きる人々は、一人ひとりみな何かの問題をかかえている。街を行き交う人々を見ていると、苦しんだり悲しんだりするような問題などはまるでないように見える。大変な問題をかかえている人から見ると、何で自分だけがこんな辛い問題をかかえているのかと、恨めしく思う人が少なくない。しかし、みんな見えないところで辛さに耐えているのだ。

私自身も七十年以上生きてきた人生の中で、そういう状態に追いこまれたことが、何度もある。

天は何でこんな仕打ちのようなことをするのかと思ったものだった。そんな時に自分を支えてくれたのは、繰り返しになるが、私が少年だった時期に、まだ四十代だった母が、夫や息子のひとり（私の兄）を病気で亡くしても、苛酷な運命を受け容れて懸命に生きた姿だった。

私が息子を喪ってしばらく経ってから頂いた、ある若い母親からの手紙が、私の母の生き方と重なり合って、私の人生観の中にしっかりと根づいた。

二歳半の子を急病で亡くしたその母親は、こう記していた。

「癒しとは決して安易なものでなく、どんなに辛くても、もがきながらでも生きていこうとする人生こそ、真に癒しと言えるものだと思うのです」

——と。

私は苦難を受容するこの母親の心の持ち方に衝撃を受けたほどだった。

作家という仕事をしていると、苦しみや悲しみの中にある人たちから、しばしば手紙を頂く。どうしたらいいのかと尋ねられる。私はカウンセラーではないが、少なくともこう言える。「苦しみ悲しみをかかえながら、よくぞ今まで生きてこられましたね。今、生きている自分を褒めてあげてください」と。

あとがき

私は地方や海外に出かける時、よくカメラを持ち歩く。しかも、ボディは大きめで、重い三〇〇ミリの望遠レンズも必携なので、大変だ。それでもカメラを持参するのは、何のためか。雲の写真を撮るためだ。

そんな風にして雲の写真を撮る時、私はいつも何か小さな物語を頭に浮かべている。たとえば、子犬の形をした雲であれば、《独りぼっちでどうしたの？　そう、お母さんがいないのね……》とか、大きなサメが口を開けているような形の雲であれば、《おーい、ちっちゃな迷い子の魚を食べようとしているようだけど、まだまだ海の中の楽しさを味わってないのに食べられてしまうなんて可哀相だよ。見逃してやれよ》などと、他愛ないことを頭の中でつぶやいているのだ。

人間は物語を生きている。私はいつもそう考えている。人生というものは、山あり谷ありで、いいこともあれば、辛いこともある。うれしい時もあれば、悲しい時もある。時には耐え難いほど辛いことや悲しいことが、自分にのしかかってくる時もある。そんな時、直面している辛いことや悲しいことばかりに気を取られ、それ以外のことは見えなくなっていると、《もう駄目だ》と絶望的になってしまう。

しかし、今起きていることを、長い人生の物語の中の「章」の一部だと考え、たとえば「第八章苦難」という時の中にいるのだととれると、人生はそれで終わるのではなく、次の「第九章」では、「夜明け」という新しい光射す時が来るに違いないと思えるようになり、《それならじたばたしないで、しばらくじっと耐え、誰かとの新しい出会いがあるに違いない》などと思えるようになるだろう。

精神科医でも臨床心理士でもない私が、この〝心のハンドブック〟とも言える小著を書いたのは、自分なりに七十年以上生きてきた人生を一編の長編小説を読み返すような眼で振り返り、その中から「生きる」うえで支えになった出会いや考え方などを拾い集めて、一冊の本にまとめれば、この広い空の下で苦しんでいる、悲しんでいる人、行き詰まっている人が明日の生き方を考えるうえで役に立つのではないかという思いからだった。

とはいえ、あまり息苦しくならないように、小著の途中の合間合間に、私の撮った雲の写真を〝小休止〟の意味で挿入した。読者が雲の写真をじっと見つめ、自分自身の新しい「物語」を想像するひと時になればと思う。

この小著をまとめるにあたっては、佼成出版社の田嶋章雅さん、柴田博明さん、横山弘美さんのお世話になった。

二〇一五年　十二月

著者

※本書は小社発行の月刊誌『佼成』の連載「心に寄り添う視点」（二〇一二年四月〜二〇一四年十二月号）を一冊にまとめたものです。
なお、単行本化に際しては著者による加筆および修正を施しました。

柳田邦男（やなぎだ・くにお）

1936年（昭和11年）、栃木県生まれ。1995年（平成7年）『犠牲（サクリファイス）――わが息子・脳死の11日』（文藝春秋）とノンフィクション・ジャンルの確立への貢献に対し菊池寛賞、2005年『エリカ　奇跡のいのち』（講談社）で日本絵本賞翻訳絵本賞受賞。災害・事故・公害問題や、生と死、言葉と心の危機、子どもの人格形成とメディア等の問題について積極的に発言している。

主な著書に『壊れる日本人』（新潮社）『新・がん50人の勇気』（文藝春秋）『もう一度読みたかった本』『大人が絵本に涙する時』（共に平凡社）『生きる力、絵本の力』（岩波書店）『終わらない原発事故と「日本病」』（新潮社）『「想定外」の罠　大震災と原発』（文藝春秋）等がある。

翻訳絵本に『だいじょうぶだよ、ゾウさん』『でも、わたし生きていくわ』（共に文溪堂）『でもすきだよ、おばあちゃん』『ヤクーバとライオン1勇気』『ヤクーバとライオン2信頼』（共に講談社）等多数。

本文写真　柳田邦男
デザイン　鈴木正道（Suzuki Design）

自分を見つめる　もうひとりの自分

2016年1月30日　初版第1刷発行
2018年7月　5日　初版第5刷発行

著　者　柳田邦男
発行者　水野博文
発行所　株式会社佼成出版社
〒166-8535　東京都杉並区和田2-7-1
電話（03）5385-2317（編集）
（03）5385-2323（販売）
URL https://www.kosei-shuppan.co.jp/
印刷所　錦明印刷株式会社
製本所　株式会社若林製本工場

落丁本・乱丁本はお取り替えいたします。

ISBN978-4-333-02728-6　C0095